школа - escuela	2
путешествие - viaje	5
транспорт - transporte	8
город - ciudad	10
ландшафт - paisaje	14
ресторан - restaurante	17
супермаркет - supermercado	20
напитки - bebida	22
еда - comida	23
ферма - granja	27
дом - casa	31
гостиная - cuarto de estar	33
кухня - cocina	35
ванная комната - cuarto de baño	38
детская комната - cuarto de los niños	42
одежда - vestimenta	44
офис - oficina	49
экономика - economía	51
профессии - ocupaciones	53
инструменты - herramientas	56
музыкальные инструменты - instrumentos musicales	57
зоопарк - zoológico	59
спорт - deporte	62
действия - actividades	63
семья - familia	67
тело - cuerpo	68
больница - hospital	72
неотложный случай - emergencia	76
земля - Tierra	77
часы - reloj	79
неделя - semana	80
год - año	81
формы - formas	83
цвета - colores	84
противоположности - opuestos	85
цифры - números	88
языки - idiomas	90
кто / что / как - quién / qué / cómo	91
где - donde	92

Impressum
Verlag: BABADADA GmbH, Nedderfeld 112 , 22529 Hamburg
Geschäftsführer / Verlagsleitung: Harald Hof
Druck: Books on Demand GmbH, In de Tarpen 42, 22848 Norderstedt

Imprint
Publisher: BABADADA GmbH, Nedderfeld 112 , 22529 Hamburg, Germany
Managing Director / Publishing direction: Harald Hof
Print: Books on Demand GmbH, In de Tarpen 42, 22848 Norderstedt, Germany

1

школа

escuela

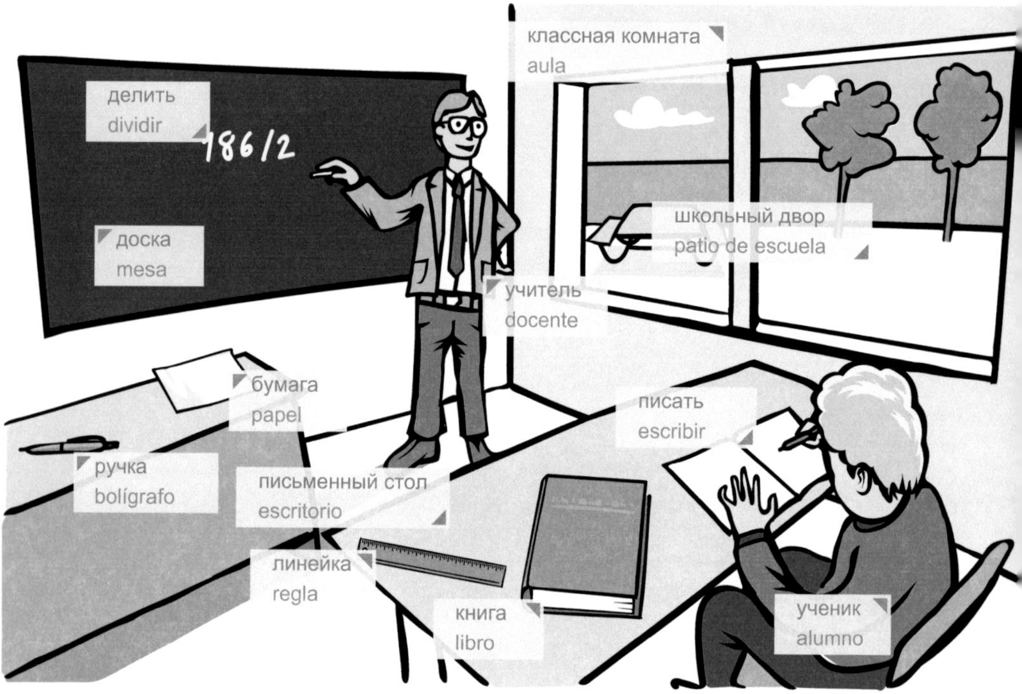

классная комната
aula

делить
dividir

186/2

доска
mesa

школьный двор
patio de escuela

учитель
docente

бумага
papel

писать
escribir

ручка
bolígrafo

письменный стол
escritorio

линейка
regla

книга
libro

ученик
alumno

ранец

mochila escolar

пенал

caja de lápices

карандаш

lápiz

точилка

sacapuntas

ластик

goma de borrar

альбом для рисования

bloc de dibujo

рисунок

dibujo

кисточка

pincel

коробка красок

caja de pinturas

ножницы

tijera

клей

pegamento

тетрадь

libro de ejercicios

домашняя работа

tarea

12

цифра

número

2+2

прибавлять

sumar

5-2

вычитать

restar

2×2

умножать

multiplicar

считать

calcular

A

буква

letra

ABCDEFG
HIJKLMN
OPQRSTU
VWXYZ

алфавит

alfabeto

hello

слово

palabra

текст

texto

читать

leer

мел

tiza

урок

lección

классный журнал

libro de clase

экзамен

examen

диплом

certificado

школьная форма

uniforme escolar

образование

educación

энциклопедия

enciclopedia

университет

universidad

микроскоп

microscopio

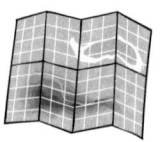

карта

mapa

корзина для бумаг

cesto de papeles

путешествие

viaje

гостиница
hotel
Grand
турбаза
albergue
ROOMS
пункт обмена валюты
casa de cambio
CHANGE
чемодан
maleta
автомобиль
auto

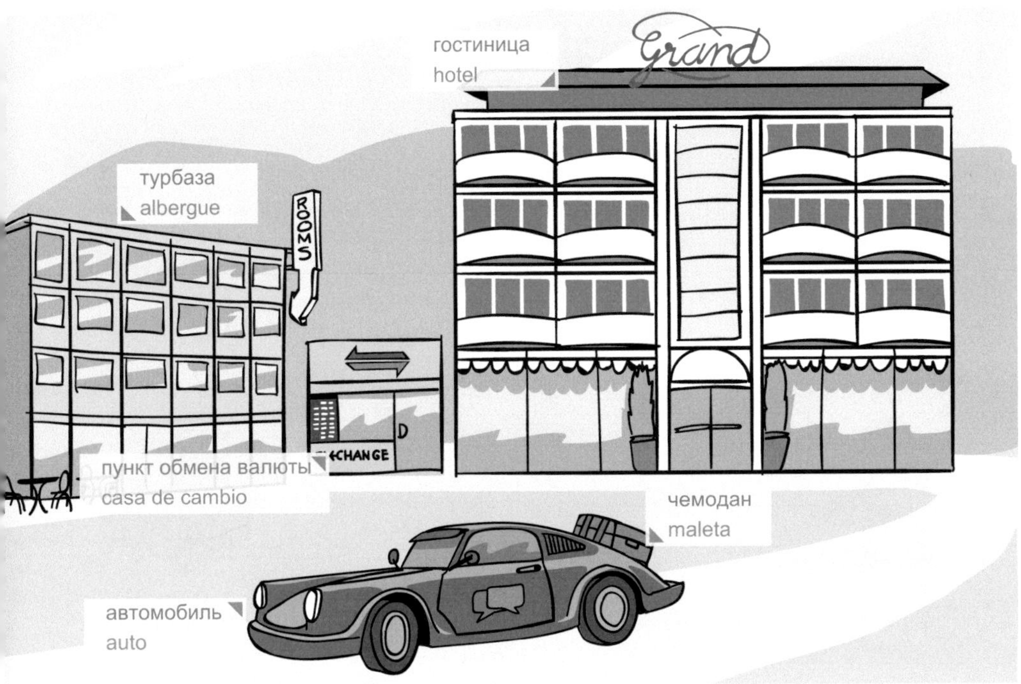

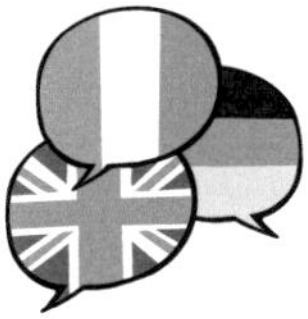

язык

idioma

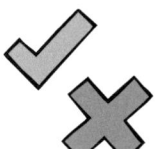

да / нет

sí / no

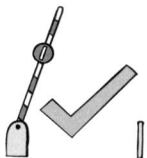

хорошо

ok

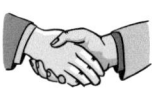

Привет

hola

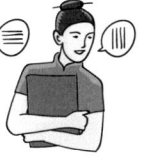

переводчик

intérprete

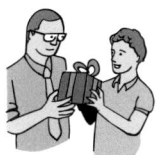

Спасибо

gracias

Сколько стоит…?

¿Cuánto cuesta…?

Я не понимаю

No entiendo

проблема

problema

Добрый вечер!

¡Buenas tardes!

Доброе утро!

¡Buenos días!

Доброй ночи!

¡Buenas noches!

До свидания

adiós

направление

dirección

багаж

equipaje

сумка

bolso

рюкзак

mochila

гость

invitado

комната

cuarto

спальный мешок

saco de dormir

палатка

tienda de campaña

туристическая информация
información al turista

пляж
playa

кредитная карточка
tarjeta de crédito

завтрак
desayuno

обед
almuerzo

ужин
cena

билет
pasaje

лифт
ascensor

почтовая марка
sello

граница
límite

таможня
aduana

посольство
embajada

виза
visa

паспорт
pasaporte

транспорт
transporte

самолёт
avión

корабль
barco

пожарный автомобиль
coche de bomberos

автобус
bus

грузовик
camión

моторная лодка
lancha a motor

велосипед
bicicleta

автомобиль
auto

паром

balsa

лодка

lancha

мотоцикл

motocicleta

полицейский автомобиль

auto de policía

гоночный автомобиль

auto de carreras

арендованный
автомобиль
auto de alquiler

совместное пользование
автомобилями

alquiler de autos

буксировочный
автомобиль
grúa

мусоровоз

vehículo recolector de
basura

двигатель

motor

топливо

gasolina

заправка

gasolinera

дорожный знак

señal de tráfico

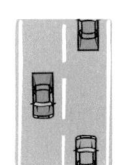

движение

tránsito

пробка

atasco

автостоянка

estacionamiento

вокзал

estación de tren

рельсы

carril

поезд

tren

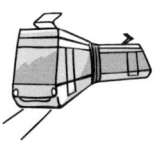

трамвай

tranvía

вагон

vagón

вертолёт

helicóptero

аэропорт

aeropuerto

вышка

torre

пассажир

pasajero

контейнер

contenedor

коробка

caja de cartón

тележка

carro

корзина

cesta

взлетать / приземляться

despegar / aterrizar

город

ciudad

деревня

aldea

центр города

centro de la ciudad

дом

casa

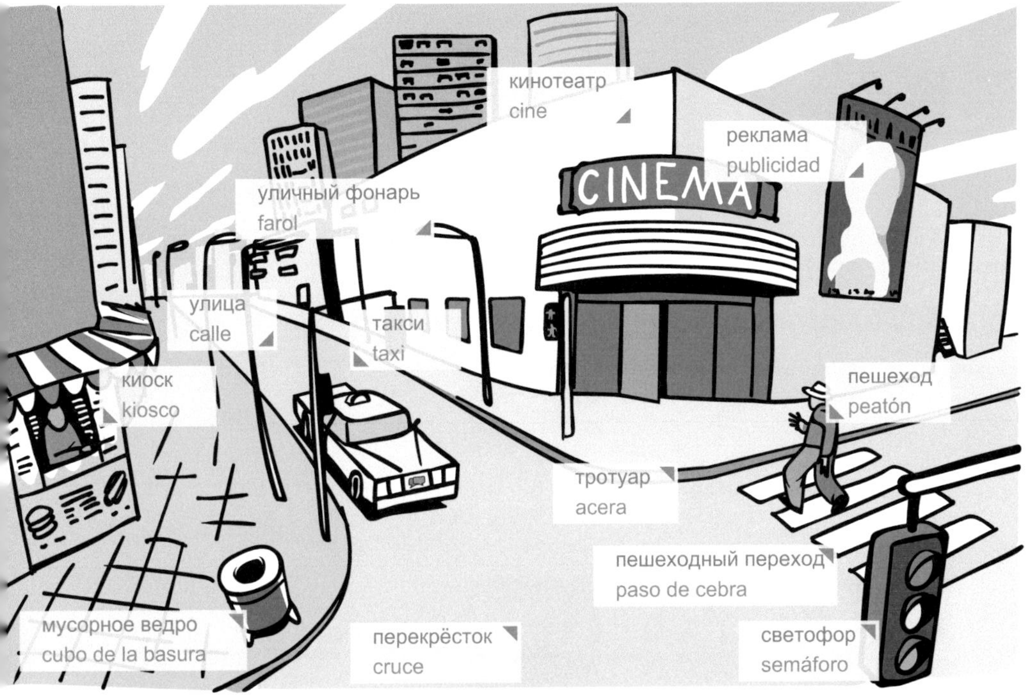

кинотеатр
cine

реклама
publicidad

уличный фонарь
farol

улица
calle

такси
taxi

киоск
kiosco

пешеход
peatón

тротуар
acera

пешеходный переход
paso de cebra

мусорное ведро
cubo de la basura

перекрёсток
cruce

светофор
semáforo

хижина
cabaña

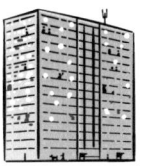

квартира
apartamento

вокзал
estación de tren

ратуша
ayuntamiento

музей
museo

школа
escuela

город - ciudad

11

университет

universidad

банк

banco

больница

hospital

гостиница

hotel

аптека

farmacia

офис

oficina

книжный магазин

librería

магазин

negocio

цветочный магазин

florería

супермаркет

supermercado

рынок

mercado

универмаг

grandes almacenes

торговец рыбой

pescadería

торговый центр

centro comercial

порт

puerto

парк

parque

скамейка

banco

мост

puente

лестница

escalera

метро

metro

тоннель

túnel

автобусная остановка

parada de autobuses

бар

bar

ресторан

restaurante

почтовый ящик

buzón de correo

табличка с названием
улицы

letrero

паркометр

parquímetro

зоопарк

zoológico

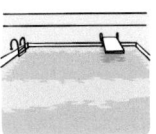

бассейн

piscina

мечеть

mezquita

ферма

granja

загрязнение окружающей
среды

polución

кладбище

cementerio

церковь

iglesia

детская площадка

parque infantil

храм

templo

ландшафт

paisaje

лист
hoja

дорожный указатель
indicador de camino

дорога
sendero

луг
pradera

камень
piedra

путешественник
caminante

дерево
árbol

река
río

трава
pasto

цветок
flor

долина

valle

гора

montaña

озеро

lago

лес

bosque

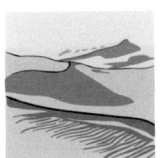

пустыня

desierto

вулкан

volcán

замок

castillo

радуга

arco iris

гриб

seta

пальма

palmera

комар

mosquito

муха

mosca

муравей

hormiga

пчела

abeja

паук

araña

жук

escarabajo

лягушка

rana

белка

ardilla

еж

erizo

заяц

liebre

сова

lechuza

птица

pájaro

лебедь

cisne

кабан

jabalí

олень

ciervo

лось

alce

плотина

embalse

ветряной генератор

aerogenerador

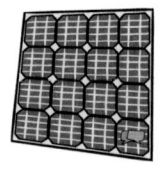

солнечная батарея

módulo solar

климат

clima

ресторан
restaurante

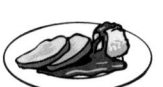

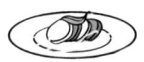

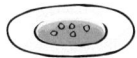

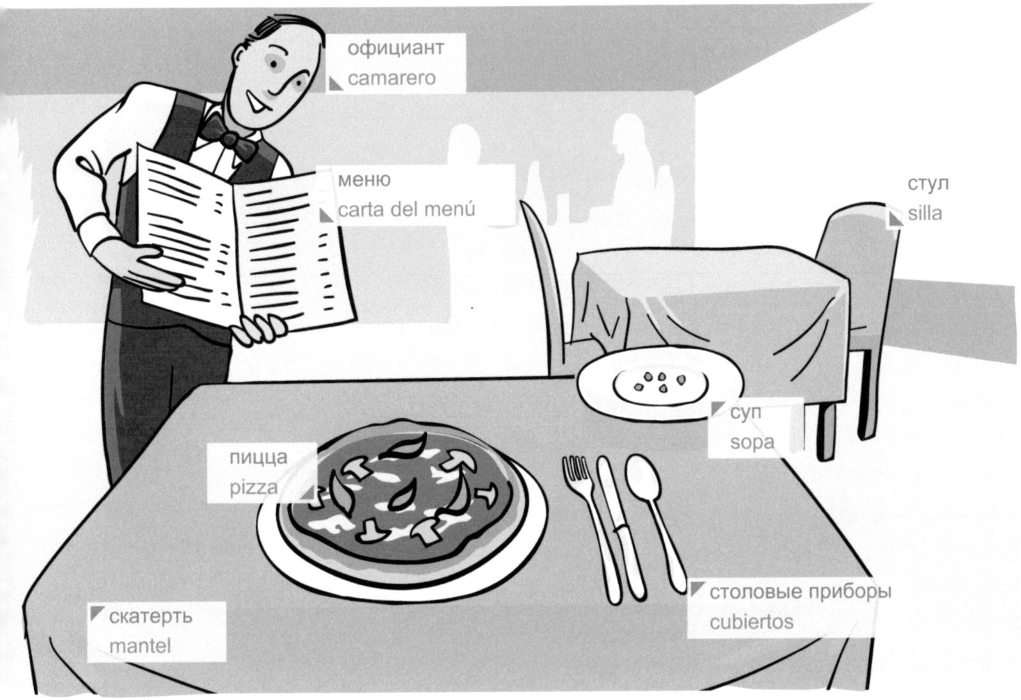
официант
camarero
меню
carta del menú
стул
silla
суп
sopa
пицца
pizza
столовые приборы
cubiertos
скатерть
mantel

закуска

entrada

главное блюдо

plato principal

десерт

postre

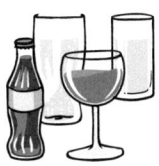

напитки

bebida

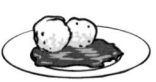

еда

comida

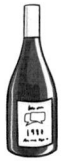

бутылка

botella

фастфуд

comida rápida

уличная еда

comida callejera

чайник

tetera

сахарница

azucarera

порция

porción

кофеварка

máquina de espresso

детский стульчик

silla alta

счет

factura

поднос

bandeja

нож

cuchillo

вилка

tenedor

ложка

cuchara

чайная ложка

cuchara de té

салфетка

servilleta

стакан

vaso

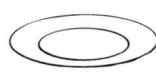

тарелка

plato

суповая тарелка

plato de sopa

блюдце

platillo

соус

salsa

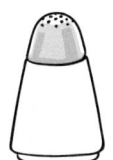

солонка

salero

мельница для перца

molinillo para pimienta

уксус

vinagre

масло

aceite

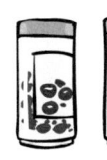

специи

especias

кетчуп

ketchup

горчица

mostaza

майонез

mayonesa

супермаркет
supermercado

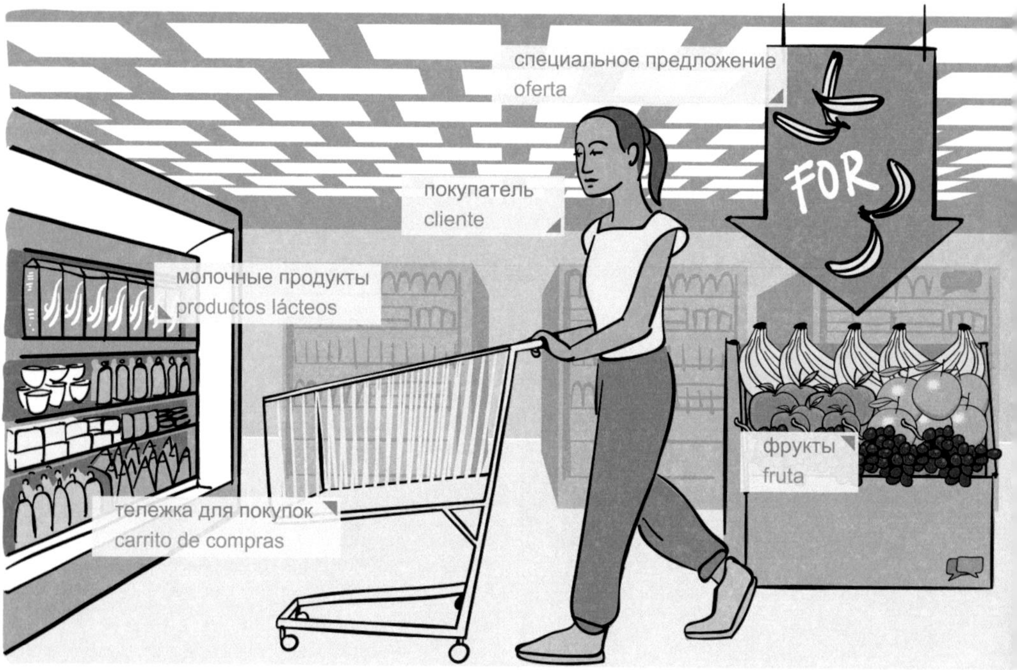

специальное предложение
oferta
FOR
покупатель
cliente
молочные продукты
productos lácteos
фрукты
fruta
тележка для покупок
carrito de compras

BUTCHERS

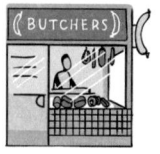

мясной магазин

carnicería

BAKERY

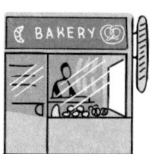

пекарня

panadería

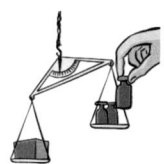

взвешивать

pesar

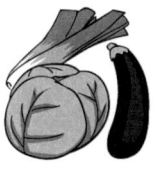

овощи

verdura

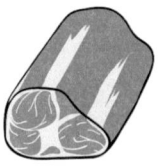

мясо

carne

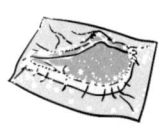

быстрозамороженные продукты

alimentos congelados

нарезка

fiambre

консервы

conservas

стиральный порошок

detergente en polvo

сладости

dulces

предмет домашнего обихода

artículos domésticos

моющее средство

productos de limpieza

продавщица

vendedora

касса

caja

кассир

cajero

список покупок

lista de compras

время работы

horario de atención

бумажник

cartera

кредитная карточка

tarjeta de crédito

сумка

maleta

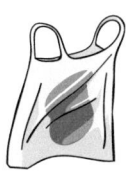

полиэтиленовый пакет

bolsa plástica

напитки

bebida

вода

agua

сок

jugo

молоко

leche

кока-кола

refresco de cola

вино

vino

пиво

cerveza

алкоголь

alcohol

какао

cacao

чай

té

кофе

café

эспрессо

espresso

капучино

cappuccino

банан

banana

яблоко

manzana

апельсин

naranja

арбуз

sandía

лимон

limón

морковь

zanahoria

чеснок

ajo

бамбук

bambú

лук

cebolla

гриб

seta

орехи

nueces

лапша

fideos

спагетти

espagueti

рис

arroz

салат

ensalada

картофель фри

patatas fritas

жареный картофель

patatas salteadas

пицца

pizza

гамбургер

hamburguesa

сэндвич

sándwich

шницель

escalope

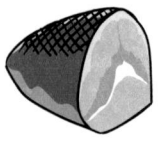

ветчина

jamón

салями

salame

колбаса

embutido

курица

pollo

жаркое

asado

рыба

pescado

овсяные хлопья

copos de avena

мюсли

musli

кукурузные хлопья

copos de maíz tostado

мука

harina

круассан

croissant

булочка

panecillo

хлеб

pan

тост

tostada

печенье

galletas

масло

mantequilla

творог

cuajada

пирог

pastel

яйцо

huevo

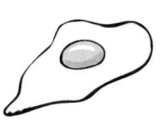

яичница

huevo frito

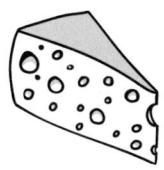

сыр

queso

мороженое

helado

сахар

azúcar

мёд

miel

мармелад

mermelada

крем с нугой

praliné

карри

curry

ферма

granja

крестьянский дом
casa de labranza
сарай
pajar
тюк из соломы
paca de paja
поле
campo
лошадь
caballo
прицеп
remolque
трактор
tractor
жеребёнок
potro
осёл
asno
овца
oveja
ягнёнок
cordero

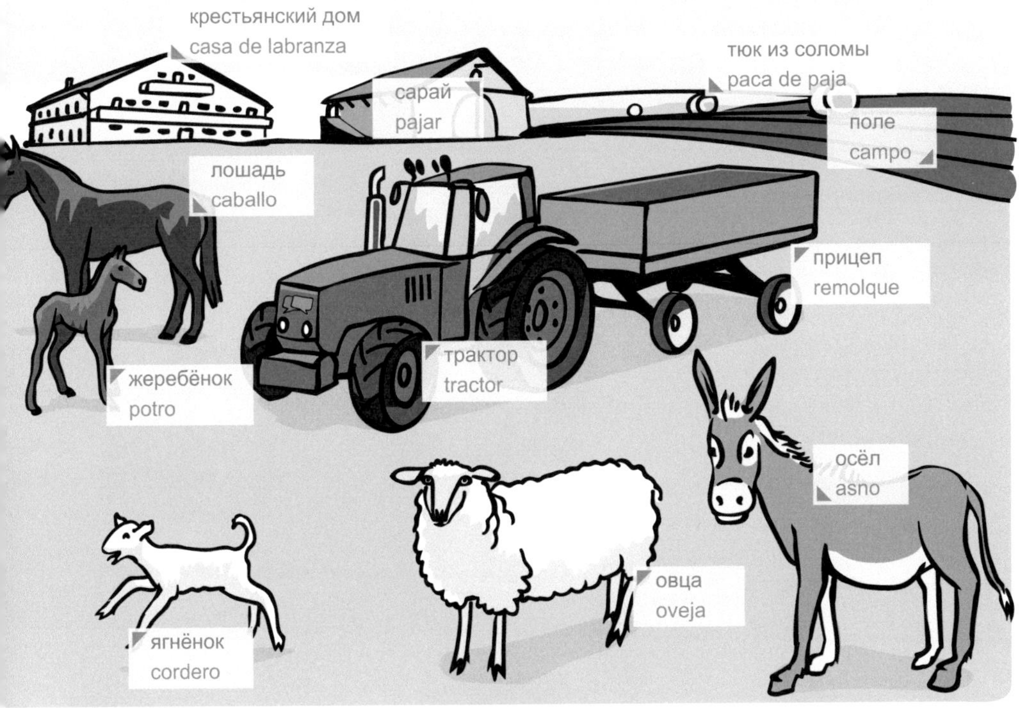

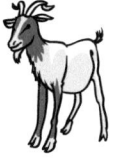

коза

cabra

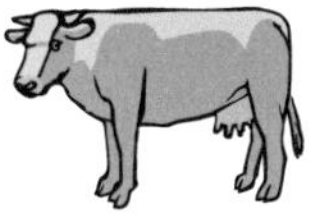

корова

vaca

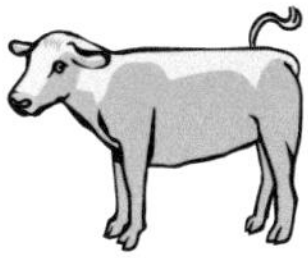

телёнок

ternero

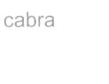

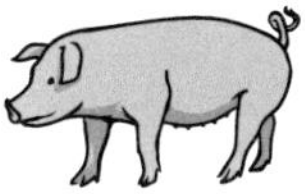

свинья

cerdo

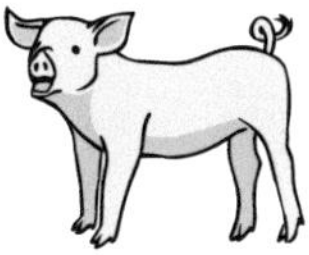

поросёнок

lechón

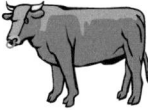

бык

toro

гусь

ganso

утка

pato

цыплёнок

polluelo

курица

pollo

петух

gallo

крыса

rata

кошка

gato

мышь

ratón

вол

buey

собака

perro

конура

caseta del perro

садовый шланг

manguera de riego

лейка

regadera

коса

guadaña

плуг

arado

серп

hoz

мотыга

azada

навозные вилы

bieldo

топор

hacha

тачка

carretilla

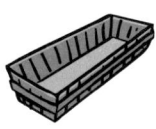

корыто

abrevadero

бидон для молока

lechera

мешок

saco

забор

cerca

хлев

establo

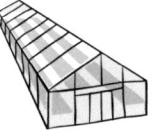

теплица

invernadero

почва

suelo

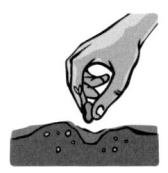

посев

semilla

удобрение

fertilizante

комбайн

cosechadora

собирать урожай

cosechar

урожай

cosecha

ямс

raíz de ñame

пшеница

trigo

соя

soja

картофель

patata

кукуруза

maíz

рапс

colza

фруктовое дерево

Árbol frutal

маниок

mandioca

злаки

cereales

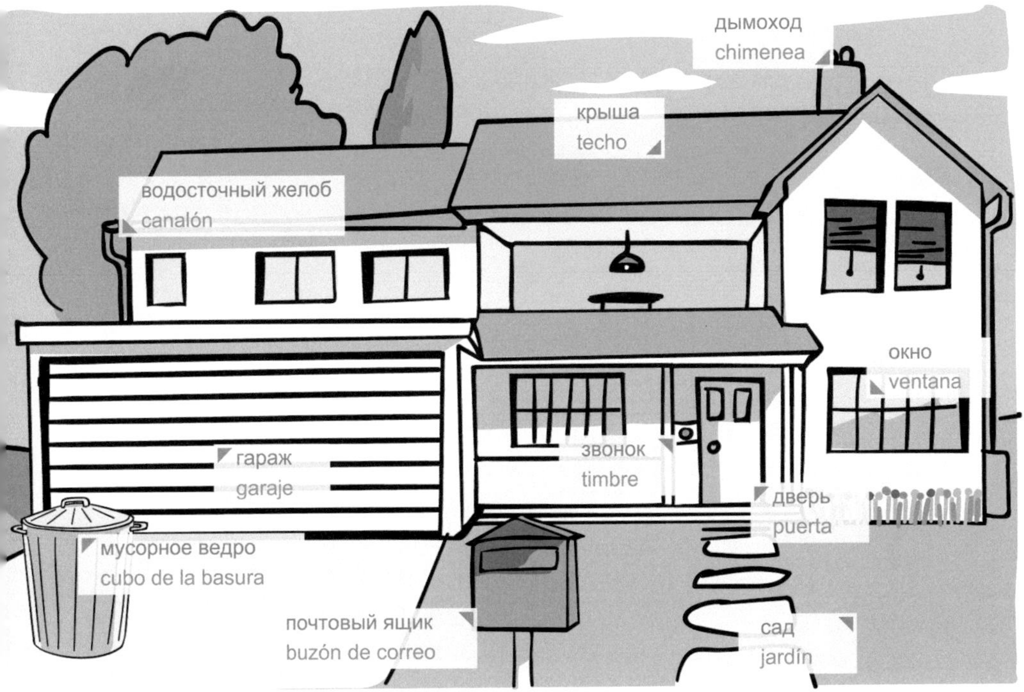

дымоход
chimenea

крыша
techo

водосточный желоб
canalón

окно
ventana

гараж
garaje

звонок
timbre

дверь
puerta

мусорное ведро
cubo de la basura

почтовый ящик
buzón de correo

сад
jardín

гостиная

cuarto de estar

ванная комната

cuarto de baño

кухня

cocina

спальня

dormitorio

детская комната

cuarto de los niños

столовая

comedor

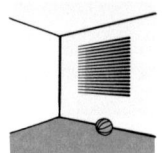

пол

piso

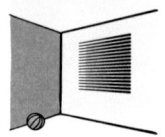

стена

pared

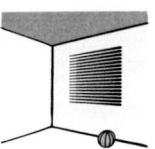

потолок

cielorraso

подвал

sótano

сауна

sauna

балкон

balcón

терраса

terraza

бассейн

piscina

газонокосилка

cortacésped

пододеяльник

funda nórdica

покрывало

edredón

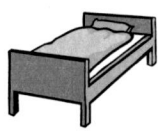

кровать

cama

метла

escoba

ведро

cubo

выключатель

interruptor

гостиная

cuarto de estar

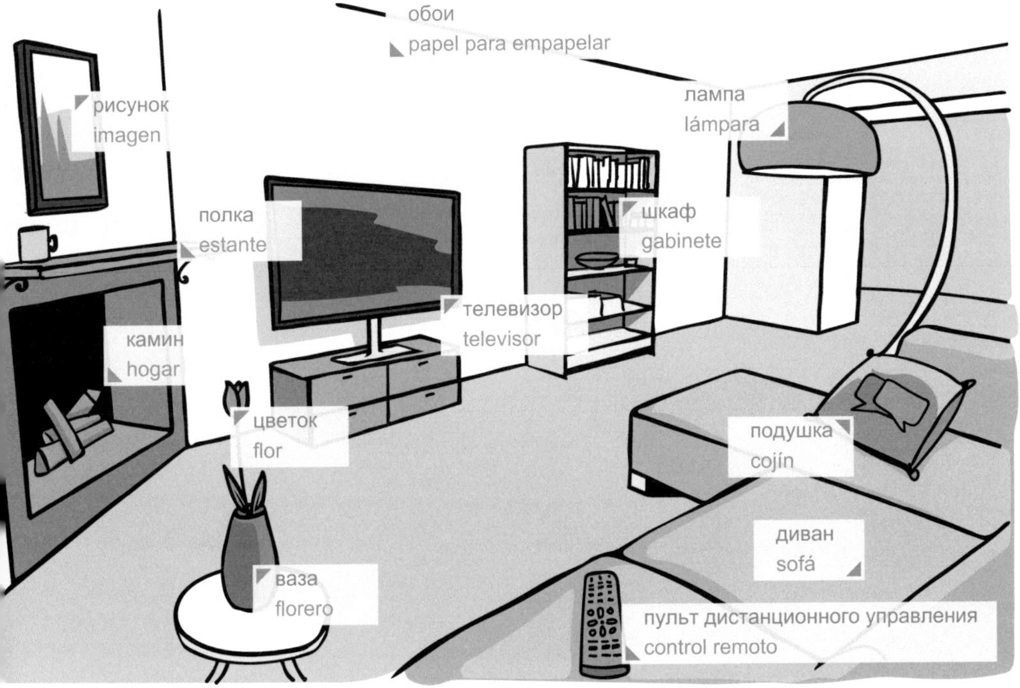

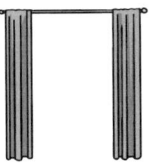

обои
papel para empapelar

рисунок
imagen

лампа
lámpara

полка
estante

шкаф
gabinete

телевизор
televisor

камин
hogar

цветок
flor

подушка
cojín

диван
sofá

ваза
florero

пульт дистанционного управления
control remoto

ковёр
alfombra

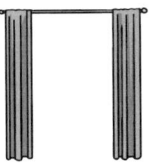

штора
cortina

стол
mesa

стул
silla

кресло-качалка
mecedora

кресло
sillón

книга

libro

покрывало

frazada

украшение

decoración

дрова

leña

фильм

film

стереосистема

equipo estereofónico

ключ

llave

газета

periódico

картина

cuadro

плакат

póster

радио

radio

блокнот

bloc de notas

пылесос

aspiradora

кактус

cactus

свеча

vela

кухня
cocina

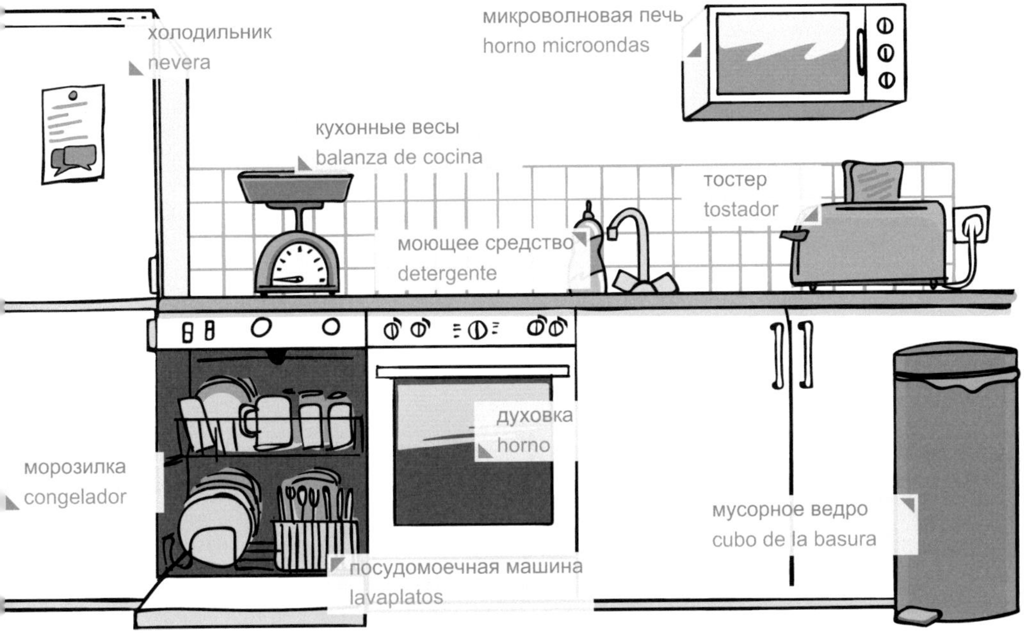
холодильник
nevera
микроволновая печь
horno microondas
кухонные весы
balanza de cocina
тостер
tostador
моющее средство
detergente
духовка
horno
морозилка
congelador
мусорное ведро
cubo de la basura
посудомоечная машина
lavaplatos

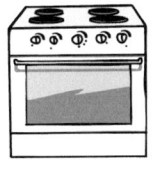

плита

cocina

кастрюля

olla

чугунный котелок

olla de fundición de hierro

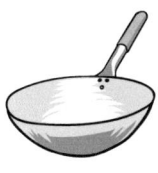

вок / кадай

wok / kadai

сковорода

sartén

чайник

hervidor de agua

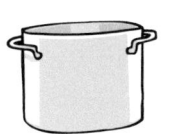

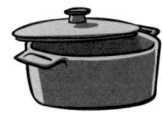

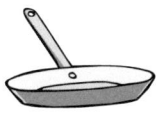

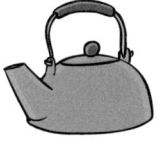

пароварка

olla de vapor

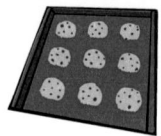

противень

bandeja de horno

посуда

vajilla

кружка

vaso

миска

bol

палочки для еды

palillos para comer

половник

cucharón de sopa

лопатка

espátula

сбивалка

batidor

сито

colador

сито

cedazo

тёрка

rallador

ступка

mortero

гриль

parrillada

костёр

fogata

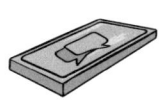

доска

tabla de picar

скалка

rodillo

штопор

sacacorchos

жестяная банка

lata

консервный нож

abrelatas

прихватка

agarrador

раковина

fregadero

щетка

cepillo

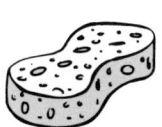

губка

esponja

миксер

batidora

морозильная камера

arcón congelador

бутылочка для кормления

biberón

кран

grifo

ванная комната
cuarto de baño

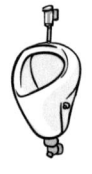

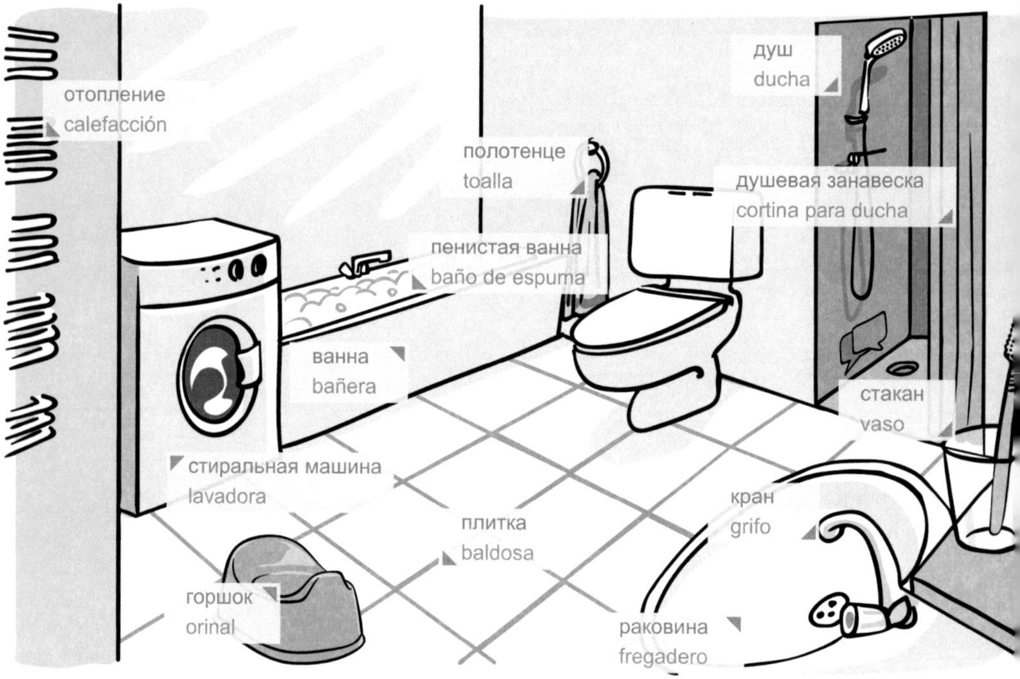

отопление
calefacción

душ
ducha

полотенце
toalla

душевая занавеска
cortina para ducha

пенистая ванна
baño de espuma

ванна
bañera

стакан
vaso

стиральная машина
lavadora

кран
grifo

плитка
baldosa

горшок
orinal

раковина
fregadero

туалет
cuarto de baño

напольный унитаз
placa turca

биде
bidé

писсуар
urinario

туалетная бумага
papel higiénico

ершик
escobilla para el cuarto de baño

зубная щетка

cepillo de dientes

зубная паста

pasta dentífrica

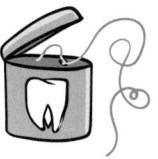

зубная нить

seda dental

мыть

lavar

ручной душ

ducha teléfono

интимный душ

ducha higiénica

таз

cuenco

щетка для спины

cepillo para la espalda

мыло

jabón

гель для душа

gel de ducha

шампунь

champú

мочалка

manopla para baño

сток

desagüe

крем

crema

дезодорант

desodorante

зеркало

espejo

ручное зеркало

espejo de maquillaje

бритва

máquina de afeitar

пена для бритья

espuma de afeitar

лосьон после бритья

loción para después del afeitado

расческа

peine

щетка

cepillo

фен

secador para cabello

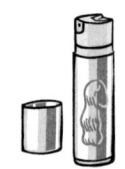

лак для волос

laca de peinado

косметика

maquillaje

губная помада

lápiz labial

лак для ногтей

laca para uñas

вата

algodón

маникюрные ножницы

tijera para uñas

духи

perfume

космети́чка

neceser

табуре́тка

taburete

весы́

balanza

хала́т

bata de baño

рези́новые перча́тки

guantes de goma

тампо́н

tampón

гигиени́ческая прокла́дка

compresa

биотуале́т

wáter químico

детская комната
cuarto de los niños

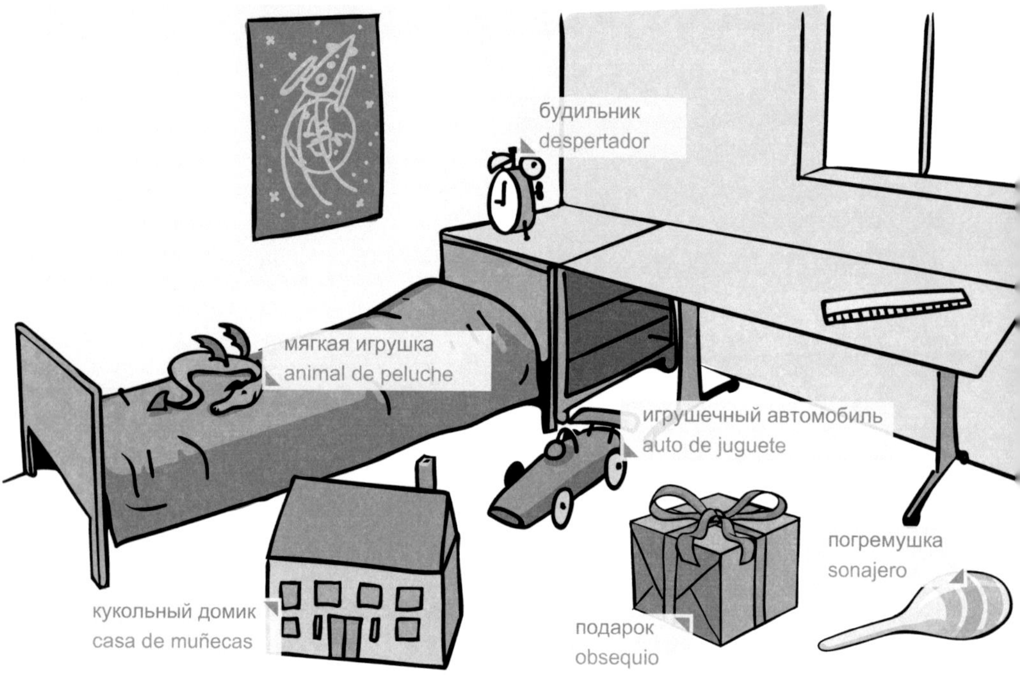

будильник
despertador
мягкая игрушка
animal de peluche
игрушечный автомобиль
auto de juguete
погремушка
sonajero
кукольный домик
casa de muñecas
подарок
obsequio

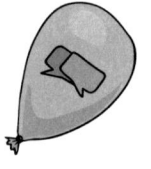

воздушный шар

globo

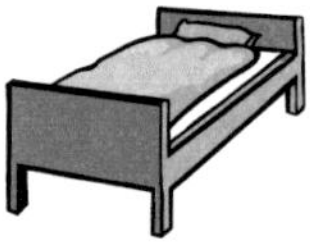

кровать

cama

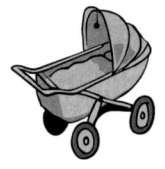

детская коляска

cochecito para niños

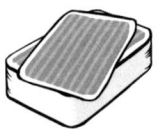

карточная игра

juego de barajas

пазл

rompecabezas

SUPER
MEGA

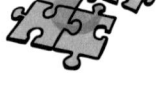

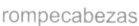

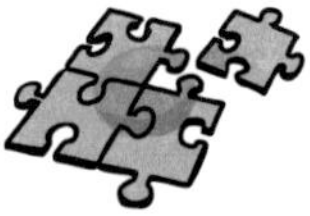

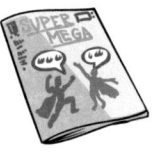

комикс

cómic

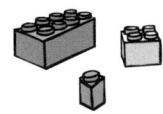

кирпичики Лего

piezas de Lego

кубики

bloques para jugar

игрушечная фигурка

figura de acción

ползунки

pijama de una pieza

фрисби

frisbee

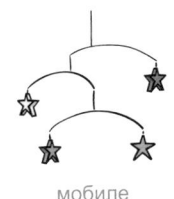

мобиле

móvil

настольная игра

juego de mesa

кубик

dado

модель железной дороги

tren eléctrico a escala

соска

chupete

вечеринка

fiesta

книга с картинками

libro de dibujos

мяч

pelota

кукла

títere

играть

jugar

песочница

arenero

качели

columpio

игрушка

juguetes

игровая приставка

consola de videojuego

трёхколесный велосипед

triciclo

плюшевый медвежонок

osito de peluche

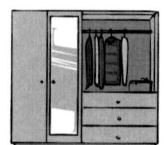

шкаф для одежды

guardarropa

одежда

vestimenta

носки

calcetines

чулки

medias

колготки

panti

шарф
chal

зонтик
paraguas

футболка
camiseta

ремень
cinturón

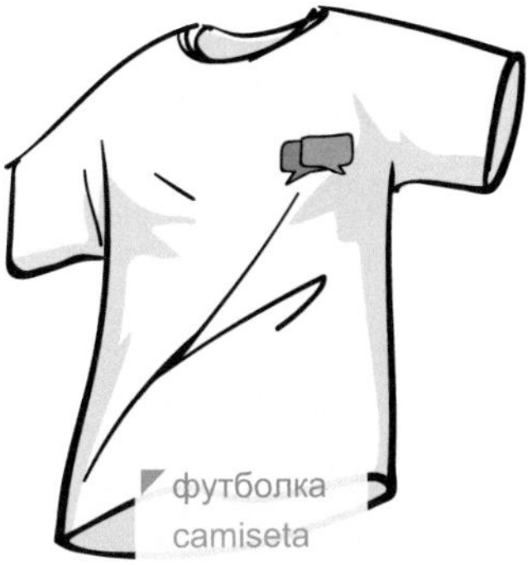

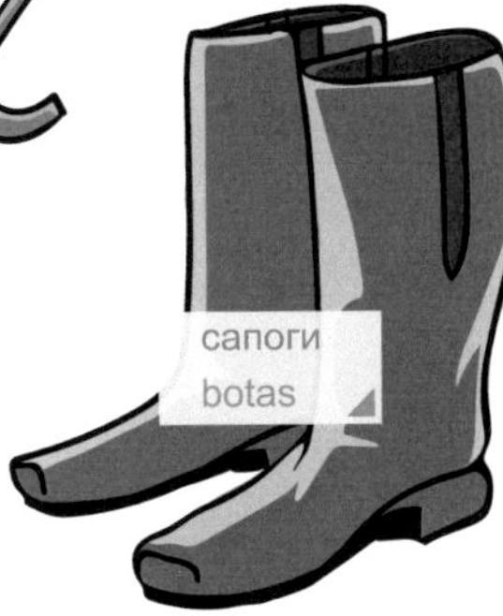

сапоги
botas

тапки
zapatilla

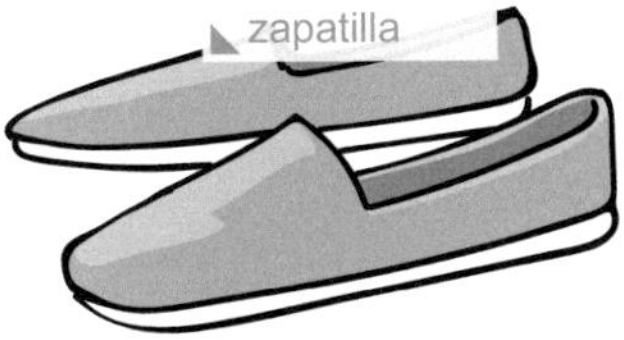

кроссовки
deportivas

сандалии
sandalias

ботинки
zapatos

резиновые сапоги
botas de goma

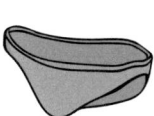

трусы
ropa interior

бюстгальтер
corpiño

майка
camiseta

боди

body

брюки

pantalón

джинсы

jeans

юбка

falda

блузка

blusa

рубашка

camisa

свитер

pullover

свитер

sweater

спортивная куртка

blazer

жакет

chaqueta

пальто

abrigo

плащ

impermeable

костюм

traje chaqueta

платье

vestido

свадебное платье

vestido de bodas

мужской костюм

traje

ночная сорочка

camisón

пижама

pijama

сари

sari

платок

pañuelo de cabeza

тюрбан

turbante

паранджа

burka

кафтан

caftán

абайя

abaya

купальник

traje de baño

плавки

bañador

шорты

shorts

спортивный костюм

chándal

фартук

delantal

перчатки

guante

пуговица

botón

очки

gafa

браслет

brazalete

цепочка

cadena

кольцо

anillo

серьга

aro

шапка

gorra

вешалка

percha

шляпа

sombrero

галстук

corbata

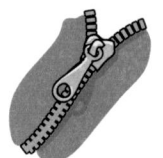

застежка молния

cierre a cremallera

шлем

casco

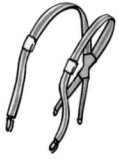

подтяжки

tiradores

школьная форма

uniforme escolar

форма

uniforme

детский нагрудник

babero

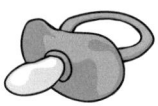

соска

chupete

подгузник

pañal

офис
oficina

кофейная кружка

taza de café

калькулятор

calculadora

интернет

internet

Within the office illustration:

- сервер / servidor
- канцелярский шкаф / archivador
- принтер / impresora
- бумага / papel
- монитор / monitor
- письменный стол / escritorio
- мышь / ratón
- папка / carpeta
- клавиатура / teclado
- корзина для бумаг / cesto de papeles
- компьютер / ordenador
- стул / silla

ноутбук

laptop

письмо

carta

сообщение

mensaje

мобильный телефон

teléfono móvil

сеть

red

ксерокс

fotocopiadora

программа

software

телефон

teléfono

розетка

tomacorriente

факс

máquina de fax

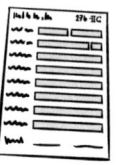

формуляр

formulario

документ

documento

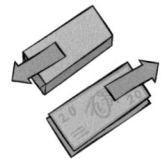

покупать

comprar

платить

pagar

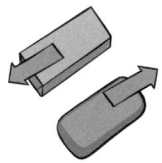

торговать

comerciar

деньги

dinero

 **USD**

доллар

dólar

 **EUR**

евро

euro

 **JPY**

иена

yen

 **RUB**

рубль

rublo

 **CHF**

франк

franco

 **CNY**

жэньминьби юань

renminbi

 **INR**

рупия

rupia

банкомат

cajero automático

пункт обмена валюты

casa de cambio

золото

oro

серебро

plata

нефть

petróleo

энергия

energía

цена

precio

договор

contrato

налог

impuesto

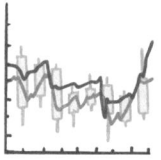

акция

acción

работать

trabajar

служащий

empleado

работодатель

empleador

фабрика

fábrica

магазин

negocio

профессии
ocupaciones

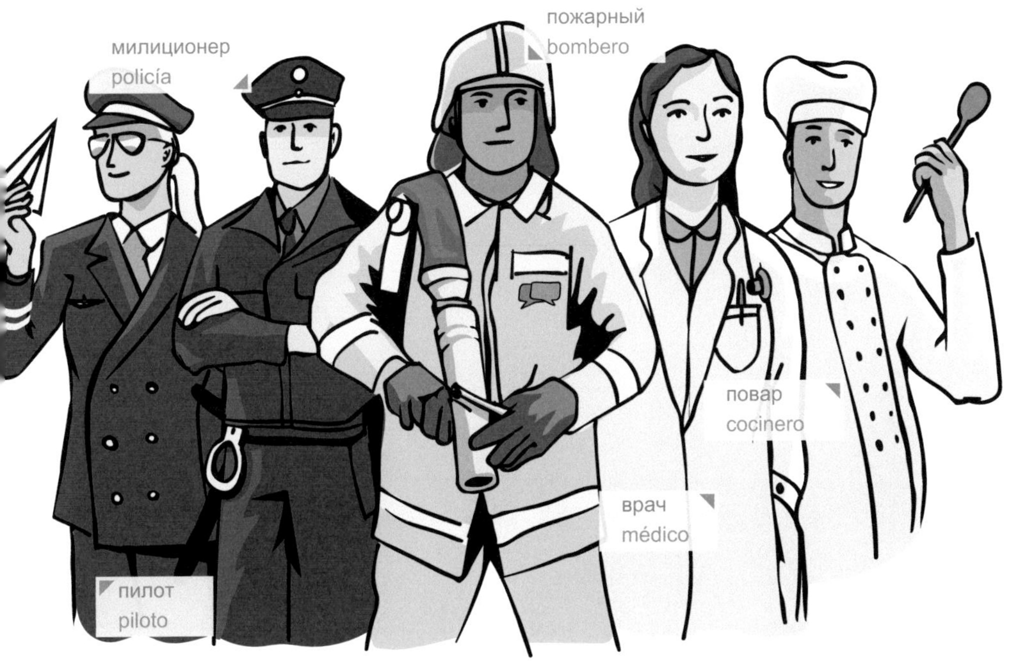
милиционер
policía
пожарный
bombero
повар
cocinero
врач
médico
пилот
piloto

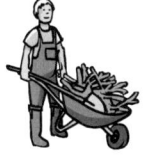

садовник

jardinero

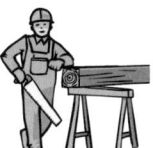

столяр

carpintero

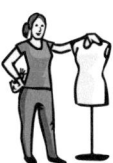

швея

costurera

судья

juez

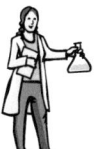

химик

químico

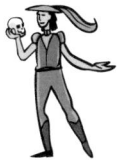

актёр

actor

водитель автобуса

conductor de autobús

таксист

taxista

рыбак

pescador

уборщица

mujer de la limpieza

кровельщик

techista

официант

camarero

охотник

cazador

художник

pintor

пекарь

panadero

электрик

electricista

строитель

albañil

инженер

ingeniero

мясник

carnicero

сантехник

fontanero

почтальон

cartero

солдат

soldado

архитектор

arquitecto

кассир

cajero

флорист

florista

парикмахер

peluquero

кондуктор

cobrador

механик

mecánico

капитан

capitán

зубной врач

odontólogo

ученый

científico

раввин

rabino

имам

imam

монах

monje

священник

párroco

инструменты
herramientas

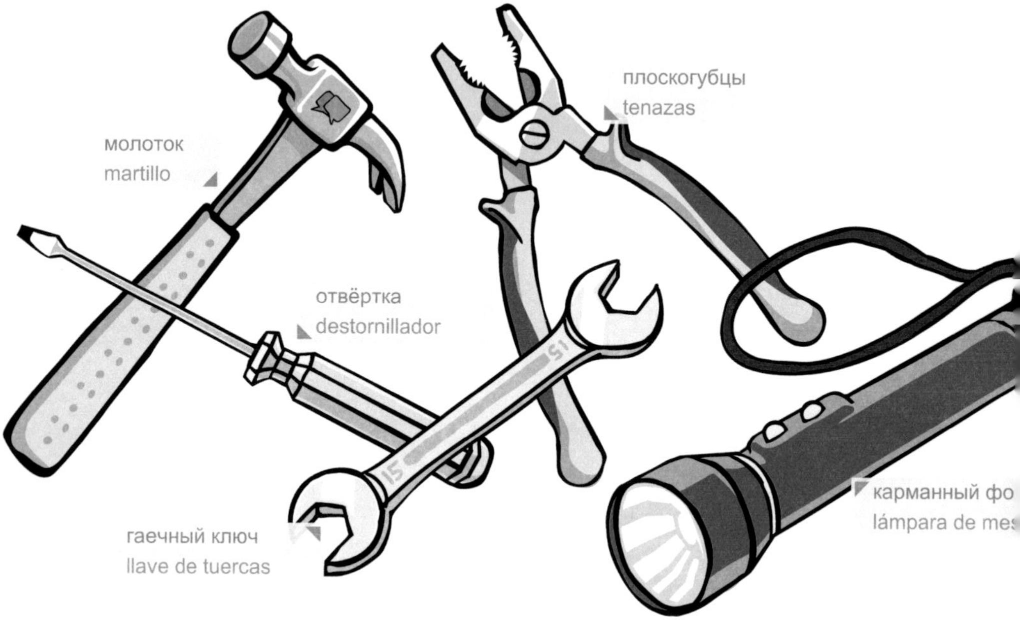
молоток
martillo
плоскогубцы
tenazas
отвёртка
destornillador
гаечный ключ
llave de tuercas
карманный фо
lámpara de mes

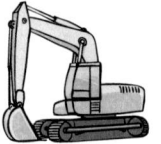

экскаватор

excavadora

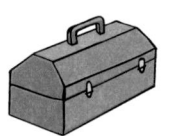

ящик для инструментов

caja de herramientas

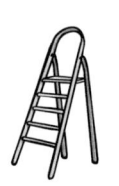

стремянка

escalerilla

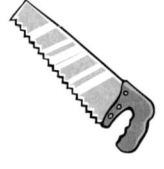

пила

serrucho

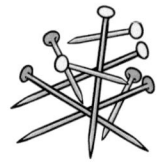

гвозди

clavos

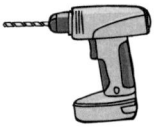

дрель

taladro

ремонтировать

reparar

лопата

pala

Блин!

¡Maldición!

совок

recogedor

ведро с краской

lata de pintura

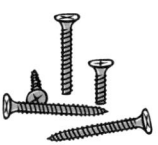

винты

tornillos

музыкальные инструменты
instrumentos musicales

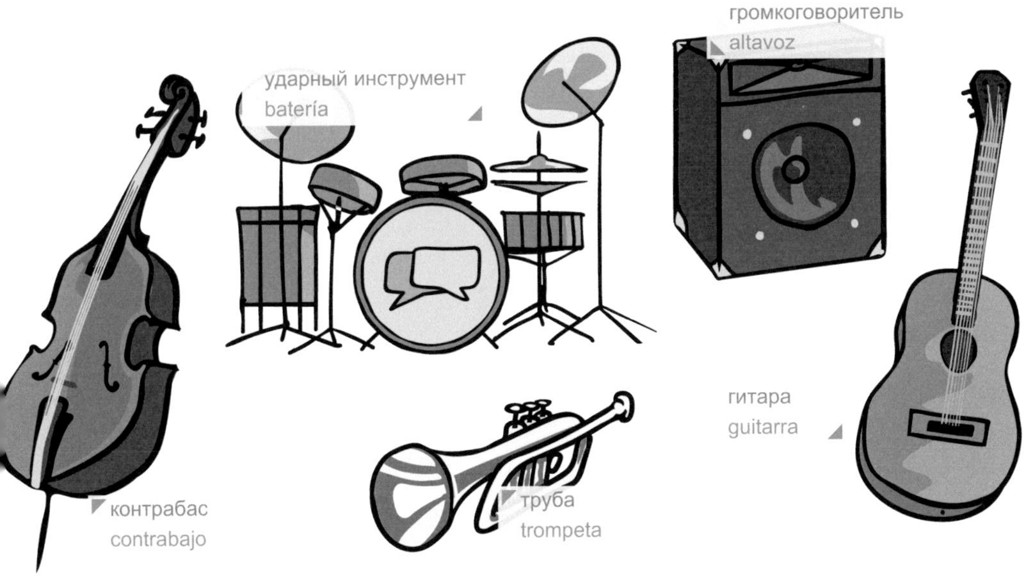

ударный инструмент
batería

громкоговоритель
altavoz

гитара
guitarra

контрабас
contrabajo

труба
trompeta

пианино

piano

скрипка

violín

бас-гитара

bajo

литавры

timbales

барабан

tambor

синтезатор

teclado

саксофон

saxofón

флейта

flauta

микрофон

micrófono

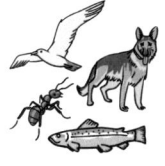

зоопарк
zoológico

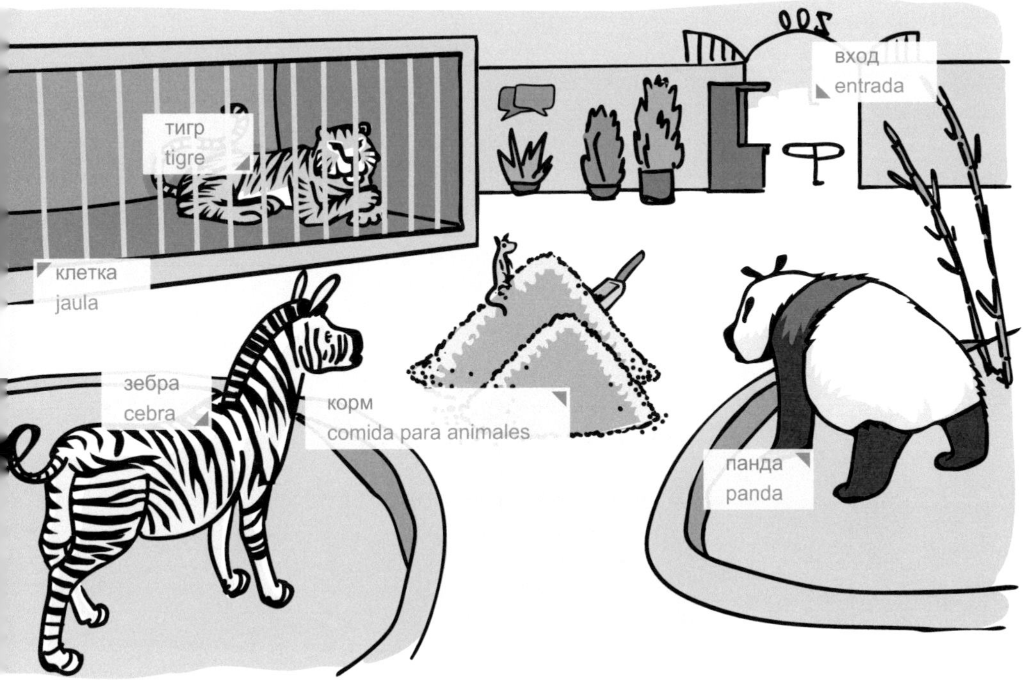
вход
entrada
тигр
tigre
клетка
jaula
зебра
cebra
корм
comida para animales
панда
panda

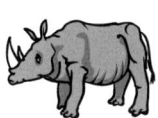

животные

animales

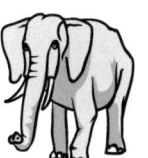

слон

elefante

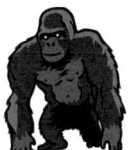

кенгуру

canguro

носорог

rinoceronte

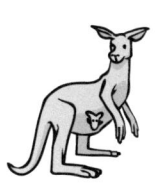

горилла

gorila

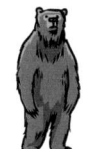

медведь

oso

верблюд

camello

страус

avestruz

лев

león

обезьяна

mono

фламинго

flamengo

попугай

papagayo

белый медведь

oso polar

пингвин

pingüino

акула

tiburón

павлин

pavo real

змея

serpiente

крокодил

cocodrilo

служитель зоопарка

cuidador del zoológico

тюлень

foca

ягуар

jaguar

пони

pony

леопард

leopardo

бегемот

hipopótamo

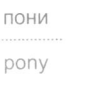

жираф

jirafa

орёл

águila

кабан

jabalí

рыба

pescado

черепаха

tortuga

морж

morsa

лиса

zorro

газель

gacela

спорт
deporte

американский футбол
fútbol americano

езда на велосипеде
ciclismo

теннис
tenis

баскетбол
baloncesto

плавание
natación

бокс
boxeo

хоккей
hockey sobre hielo

футбол
fútbol

бадминтон
badminton

лёгкая атлетика
atletismo

гандбол
balonmano

лыжный спорт
esquí

поло
polo

действия
actividades

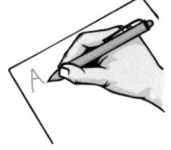

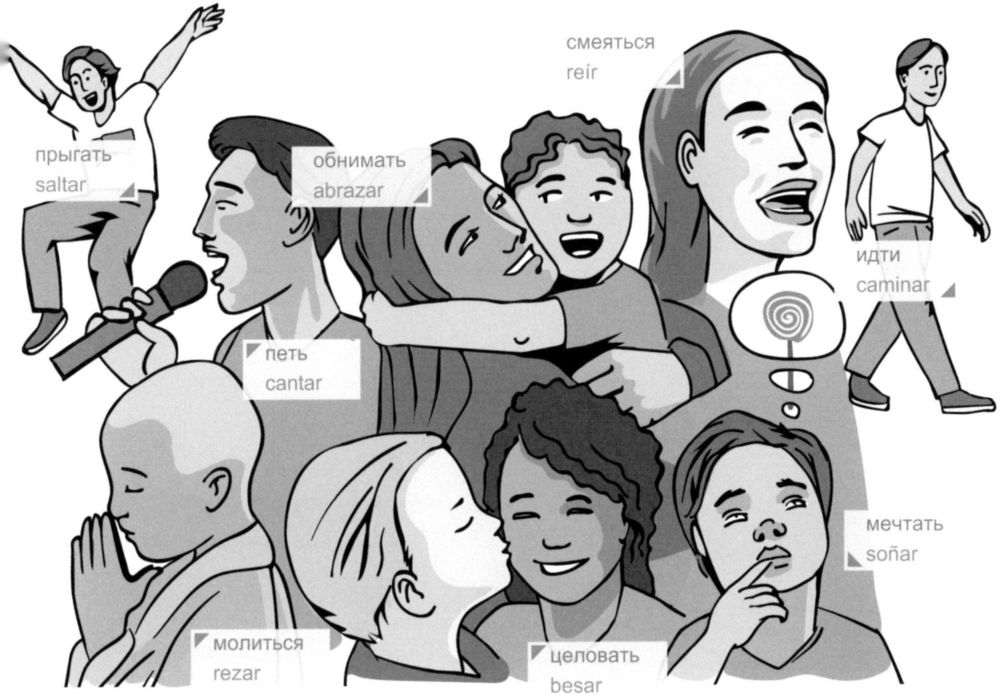

прыгать
saltar
обнимать
abrazar
смеяться
reír
идти
caminar
петь
cantar
мечтать
soñar
молиться
rezar
целовать
besar

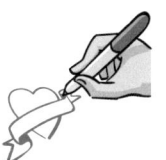

писать
escribir

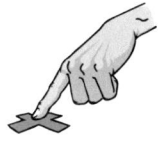

рисовать
dibujar

показывать
mostrar

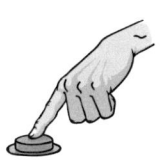

нажимать
presionar

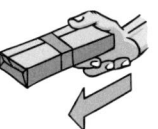

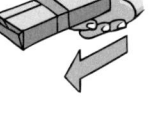

давать
dar

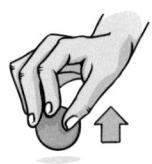

брать
tomar

иметь

tener

делать

hacer

быть

ser

стоять

estar de pie

бежать

correr

тянуть

tirar

бросать

arrojar

падать

caer

лежать

estar acostado

ждать

esperar

носить

llevar

сидеть

estar sentado

надевать

vestirse

спать

dormir

просыпаться

despertar

рассматривать

mirar

плакать

llorar

гладить

acariciar

причесывать

peinarse

говорить

conversar

понимать

entender

спрашивать

preguntar

слушать

oír

пить

beber

кушать

comer

наводить порядок

asear

любить

amar

готовить

cocinar

ехать

conducir

летать

volar

ходить под парусом

navegar

считать

calcular

читать

leer

учиться

aprender

работать

trabajar

вступать в брак

casarse

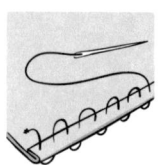

шить

coser

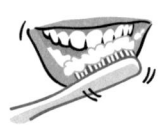

чистить зубы

limpiarse los dientes

убивать

matar

курить

fumar

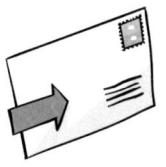

отправлять

enviar

семья
familia

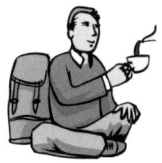

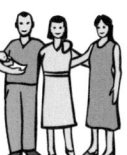

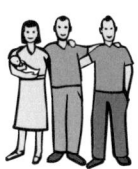

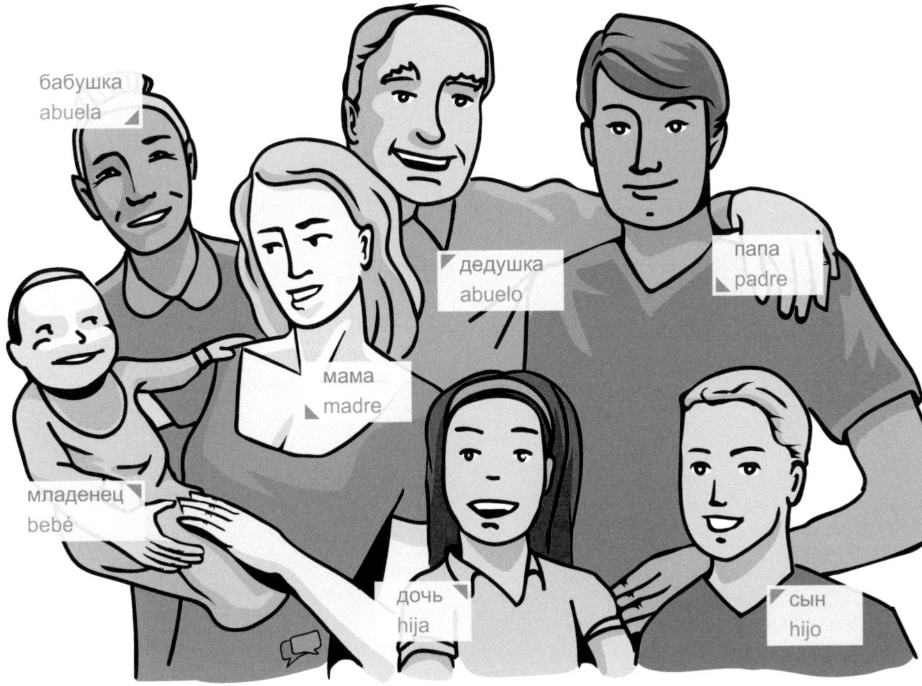
бабушка
abuela
дедушка
abuelo
папа
padre
мама
madre
младенец
bebé
дочь
hija
сын
hijo

гость
invitado

тетя
tía

дядя
tío

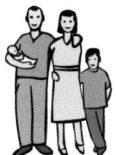

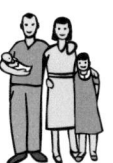

брат
hermano

сестра
hermana

тело

cuerpo

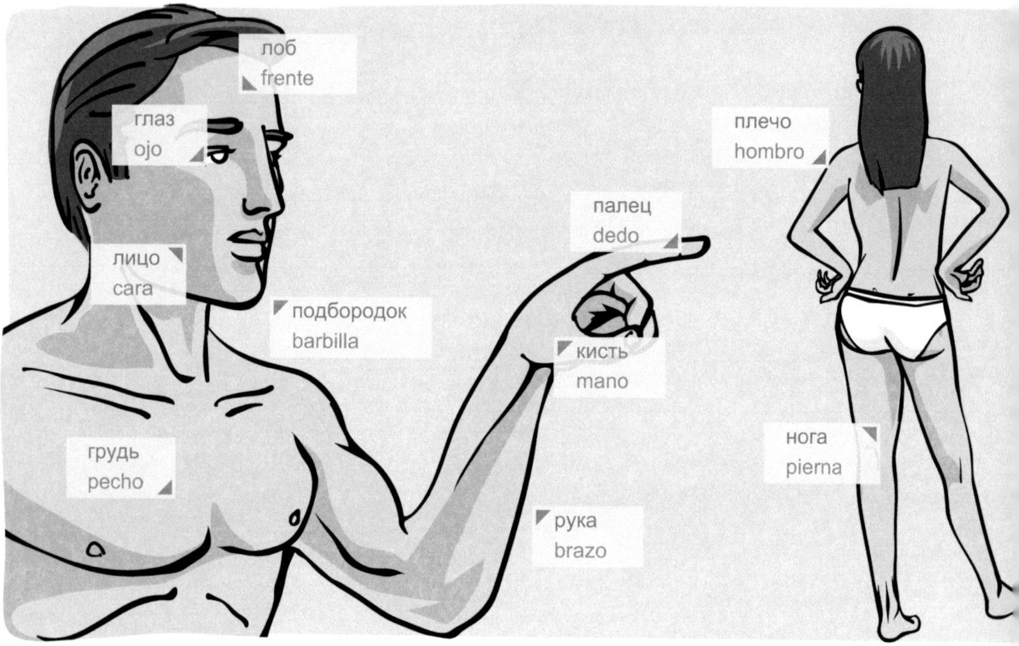

лоб
frente

глаз
ojo

лицо
cara

подбородок
barbilla

грудь
pecho

палец
dedo

кисть
mano

рука
brazo

плечо
hombro

нога
pierna

младенец
bebé

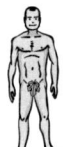
мужчина
hombre

женщина
mujer

девочка
muchacha

мальчик
joven

голова
cabeza

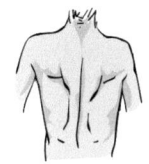

спина

espalda

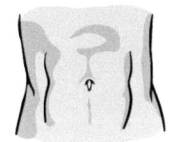

живот

vientre

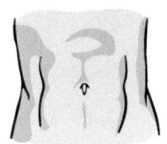

пупок

ombligo

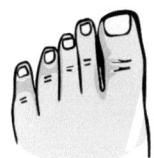

палец ноги

dedo del pie

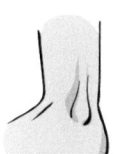

пятка

talón

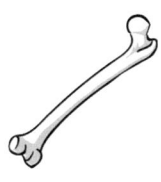

кость

hueso

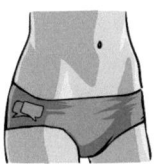

бедро

cadera

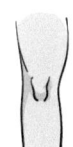

колено

rodilla

локоть

codo

нос

nariz

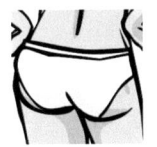

ягодицы

trasero

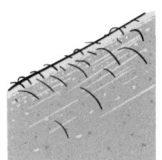

кожа

piel

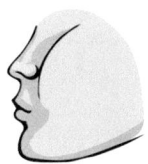

щека

mejilla

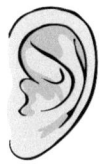

ухо

oreja

губа

labio

	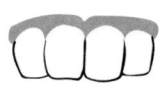	
рот	зуб	язык
boca	diente	lengua
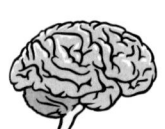		
мозг	сердце	мышца
cerebro	corazón	músculo
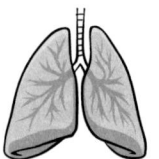		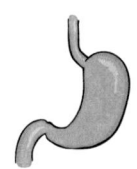
лёгкое	печень	желудок
pulmón	hígado	estómago
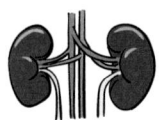		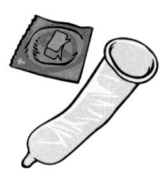
почки	половой акт	презерватив
riñones	relación sexual	condón
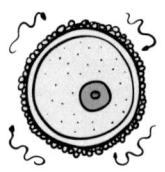		
яйцеклетка	сперма	беременность
Óvulo	esperma	embarazo

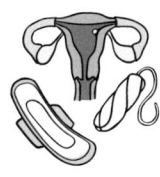

менструация

menstruación

вагина

vagina

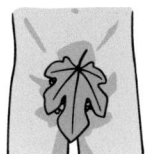

пенис

pene

бровь

ceja

волосы

cabello

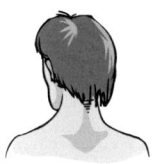

шея

cuello

больница
hospital

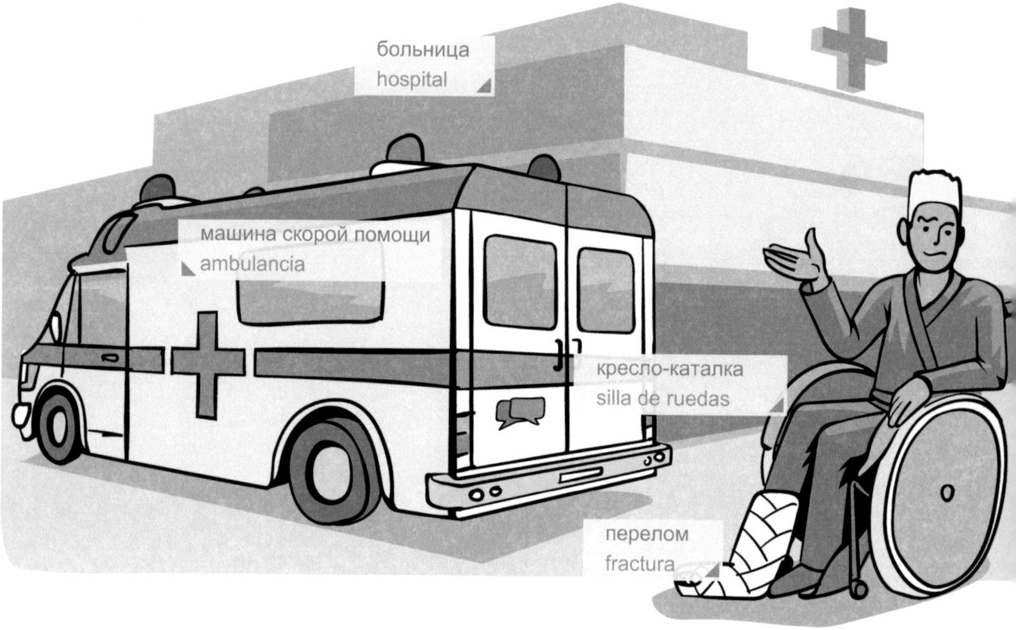

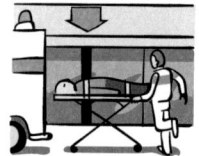

больница
hospital

машина скорой помощи
ambulancia

кресло-каталка
silla de ruedas

перелом
fractura

врач

médico

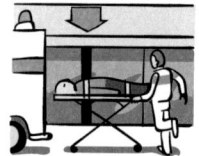

пункт первой помощи

admisión de urgencia

медсестра

enfermera

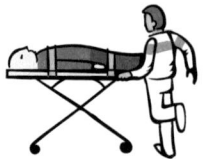

неотложный случай

emergencia

без сознания

inconsciente

боль

dolor

повреждение

lesión

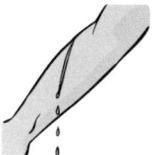

кровотечение

hemorragia

инфаркт

infarto de miocardio

инсульт

apoplejía cerebral

аллергия

alergia

кашель

tos

овышенная температура

fiebre

грипп

gripe

понос

diarrea

головная боль

dolor de cabeza

рак

cáncer

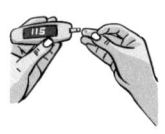

диабет

diabetes

хирург

cirujano

скальпель

escalpelo

операция

operación

больница - hospital

73

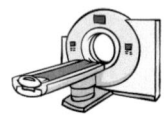

КТ

TC

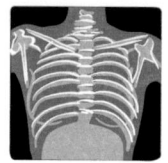

рентген

rayos X

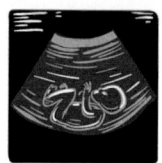

ультразвук

ultrasonido

маска

máscara

болезнь

enfermedad

приёмная

sala de espera

костыль

muleta

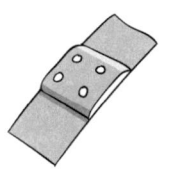

пластырь

emplasto

бинт

vendaje

укол

inyección

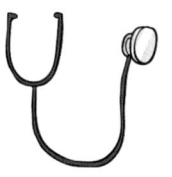

стетоскоп

estetoscopio

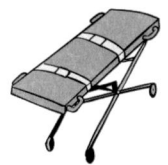

носилки

camilla

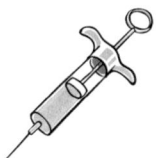

термометр

termómetro

рождение

nacimiento

избыточный вес

sobrepeso

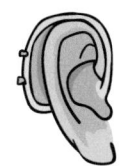

слуховой аппарат

audífono

дезинфекционное средство

desinfectante

инфекция

infección

вирус

virus

ВИЧ / СПИД

VIH / SIDA

лекарство

medicina

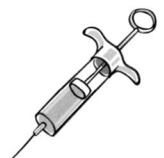

прививка

vacunación

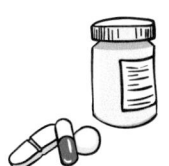

таблетки

comprimido

противозачаточная таблетка

píldora anticonceptiva

экстренный вызов

llamada de emergencia

прибор для измерения кровяного давления

medidor de presión arterial

больной / здоровый

enfermo / saludable

Помогите!

¡Ayuda!

сигнал тревоги

alarma

нападение

asalto

атака

ataque

опасность

peligro

запасной выход

salida de emergencia

Пожар!

¡Fuego!

огнетушитель

extintor

несчастный случай

accidente

аптечка

kit de primeros auxilios

SOS

SOS

милиция

Policía

Европа

Europa

Северная Америка

América del Norte

Южная Америка

América del Sur

Африка

África

Азия

Asia

Австралия

Australia

Атлантический океан

Atlántico

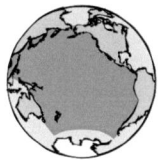

Тихий океан

Pacífico

Индийский океан

Océano Índico

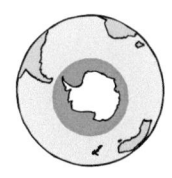

Антарктический океан

Océano Antártico

Северный Ледовитый океан

Océano Ártico

Северный полюс

Polo Norte

Южный полюс

Polo Sur

Антарктика

Antártida

земля

Tierra

суша

país

море

mar

остров

isla

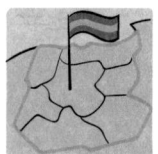

нация

nación

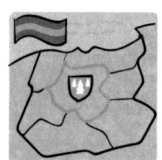

государство

Estado

земля - Tierra

циферблат

cuadrante

часовая стрелка

horario

минутная стрелка

minutero

секундная стрелка

segundero

Который час?

¿Qué hora es?

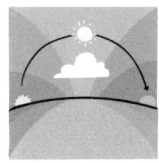

день

día

время

tiempo

сейчас

ahora

электронные часы

reloj digital

минута

minuto

час

hora

неделя

semana

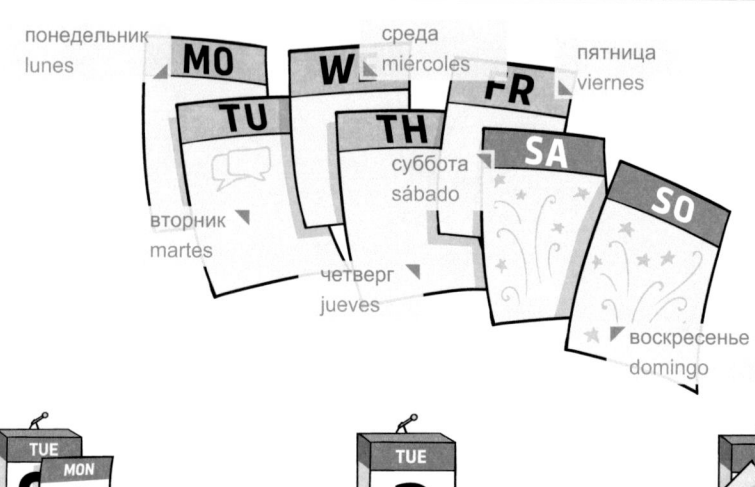

понедельник
lunes

вторник
martes

среда
miércoles

четверг
jueves

пятница
viernes

суббота
sábado

воскресенье
domingo

вчера

ayer

сегодня

hoy

завтра

mañana

утро

mañana

полдень

mediodía

вечер

tarde

рабочие дни

jornada de trabajo

выходные

fin de semana

дождь
lluvia

радуга
arco iris

ветер
viento

снег
nieve

весна
primavera

лето
verano

осень
otoño

зима
invierno

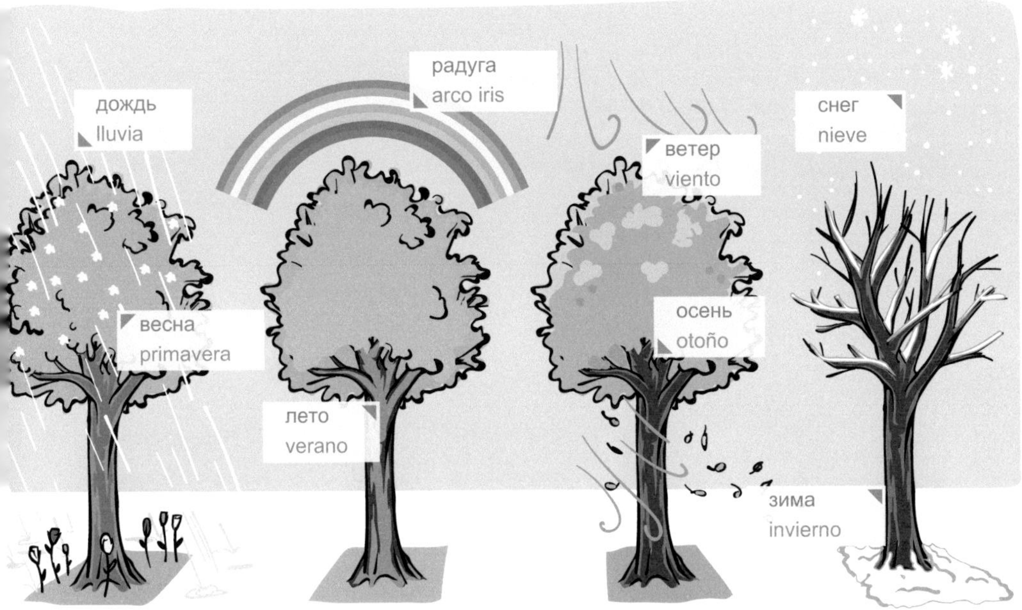

прогноз погоды

pronóstico meteorológico

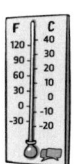

термометр

termómetro

солнечный свет

luz solar

туча

nube

туман

niebla

влажность воздуха

humedad ambiente

молния

relámpago

гром

trueno

буря

tormenta

град

granizo

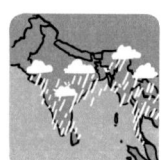

муссон

monzón

наводнение

inundación

лёд

hielo

январь

enero

февраль

febrero

март

marzo

апрель

abril

май

mayo

июнь

junio

июль

julio

август

agosto

сентябрь

septiembre

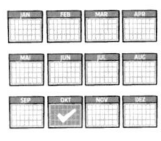

октябрь

octubre

ноябрь

noviembre

декабрь

diciembre

формы
formas

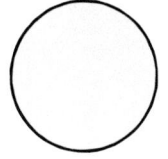

круг

círculo

квадрат

cuadrado

прямоугольник

rectángulo

треугольник

triángulo

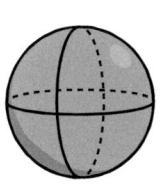

шар

esfera

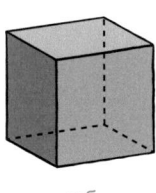

куб

cubo

белый

blanco

желтый

amarillo

оранжевый

anaranjado

розовый

rosa

красный

rojo

лиловый

lila

синий

azul

зелёный

verde

коричневый

marrón

серый

gris

черный

negro

много / мало

mucho / poco

яростный / мирный

enojado / calmado

красивый / уродливый

bonito / feo

начало / конец

comienzo / fin

большой / маленький

grande / pequeño

светлый / темный

claro / oscuro

брат / сестра

hermano / hermana

чистый / грязный

limpio / sucio

полный / неполный

completo / incompleto

день / ночь

día / noche

мёртвый / живой

muerto / vivo

широкий / узкий

ancho / angosto

съедобный / несъедобный

disfrutable / no disfrutable

злой / дружелюбный

malo / amigable

взволнованный / скучающий

excitado / aburrido

толстый / худой

gordo / delgado

сначала / в конце

primero / último

друг / враг

amigo / enemigo

полный / пустой

lleno / vacío

твёрдый / мягкий

duro / suave

тяжёлый / легкий

pesado / liviano

голод / жажда

hambre / sed

больной / здоровый

enfermo / saludable

незаконный / законный

ilegal / legal

умный / глупый

inteligente / tonto

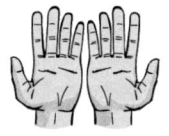

слева / справа

izquierda / derecha

близко / далеко

cercano / lejano

новый / подержанный

nuevo / usado

ничто / нечто

nada / algo

старый / молодой

viejo / joven

включено / выключено

encendido / apagado

открыто / закрыто

abierto / cerrado

тихо / громко

bajo / fuerte

богатый / бедный

rico / pobre

правильный /
неправильный
correcto / incorrecto

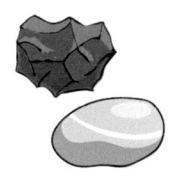

шероховатый / гладкий

áspero / liso

печальный / счастливый

triste / alegre

короткий / длинный

breve / extenso

медленный / быстрый

lento / veloz

мокрый / сухой

mojado / seco

тёплый / прохладный

caliente / frío

война / мир

guerra / paz

цифры

números

0
ноль
cero

1
один
uno

2
два
dos

3
три
tres

4
четыре
cuatro

5
пять
cinco

6
шесть
seis

7
семь
siete

8
восемь
ocho

9
девять
nueve

10
десять
diez

11
одиннадцать
once

12

двенадцать

doce

13

тринадцать

trece

14

четырнадцать

catorce

15

пятнадцать

quince

16

шестнадцать

dieciséis

17

семнадцать

diecisiete

18

восемнадцать

dieciocho

19

девятнадцать

diecinueve

20

двадцать

veinte

100

сто

cien

1.000

тысяча

mil

1.000.000

миллион

millón

английский

inglés

американский английский

inglés estadounidense

мандаринский китайский

chino mandarín

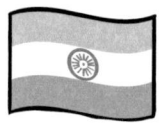

хинди

hindi

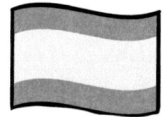

испанский

español

французский

francés

арабский

árabe

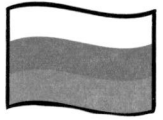

русский

ruso

португальский

portugués

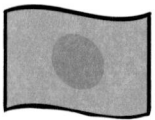

бенгальский

bengalí

немецкий

alemán

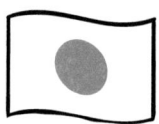

японский

japonés

я

yo

ты

tú

он / она / оно

él / ella

мы

nosotros

вы

vosotros

они

ellos

кто?

¿quién?

что?

¿qué?

как?

¿cómo?

где?

¿dónde?

когда?

¿cuándo?

имя

nombre

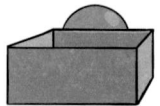

за

detrás

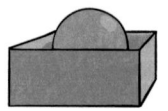

в

en

перед

delante de

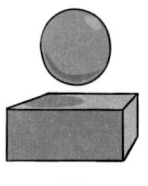

над

encima de

на

sobre

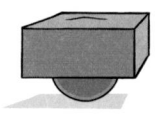

под

debajo de

рядом

junto a

между

entre

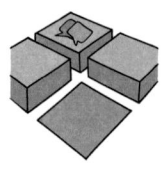

место

lugar